허문화 시집

눈으로 들을 수 있는 말이 있다

눈으로 들을 수 있는 말이 있다

인쇄 · 2025년 12월 15일 | 발행 · 2025년 12월 20일

지은이 · 허문화
펴낸이 · 한봉숙
펴낸곳 · 푸른사상사

주간 · 맹문재 | 편집 · 지순이, 김수란
등록 · 1999년 7월 8일 제2-2876호
주소 · 경기도 파주시 회동길 337-16(서패동 470-6) 푸른사상사
대표전화 · 031) 955-9111(2) | 팩시밀리 · 031) 955-9114
이메일 · prun21c@hanmail.net
홈페이지 · http://www.prun21c.com

ISBN 979-11-308-2350-8
값 12,000원

이 책은 2025 양산시 지역문화진흥기금 지원사업을 지원받아
발간되었습니다.

푸른사상 시선
223

눈으로 들을 수 있는 말이 있다

허문화 시집

푸른사상
PRUNSASANG

| 시인의 말 |

뾰족한 부리를 가진 적이 있었다.
세상을 향해 콕콕 쪼며 살았다.
심하게 아프고 나서야 그 부리가 무뎌지기 시작했다.
아직 부리의 흔적이 남아 있어서 가끔 말의 통증을 앓는다.

여름에 만난 젊은 그들 앞에서는 부리 대신 숨죽이고 있던 내 귀가 돋아났다.
그들에게 한 살 더 먹은 그대들의 내년 봄이 궁금하다고 했다
새살이 돋아날 그들의 단단한 봄…

고여 있던 시가 흐를 수 있도록,
햇귀 같은 온기를 보내주신 맹문재 교수님께 깊은 감사를 드린다.

겨울이 아무리 난폭해도
시가 있어 봄날에 꽃이 피는 것 같다.

2025년 12월
양산 상북에서 허문화

| 차례 |

제1부 노을 지는 소리 붉다

제2부 과속으로 달려오는 초록

제3부 슬픈 항상성

제4부 꽃 아닌 꽃

제1부

노을 지는 소리 붉다

노을을 듣다

자기 속을 다 비워야
비로소 스며든다
한낮의 치기는 충혈된 고요를 불러들였다
타오르는 울음을 토해내는
저 낭자한 비명

노을 지는 소리 붉다

춘분 예감

어둠은 잘린 도마뱀 꼬리처럼 서두르네요
낮의 그림자는 지난 겨울밤을 놓지 못하고
가끔 시들시들 졸기도 하고
철 지난 기침을 쿨럭이기도 하네요
같은 길이로 마주한 낮과 밤
귀잠 든 뿌리들이 봄기에 기지개 켜며
목을 기웃기웃 내미는
정오의 목마름을 상상해본 적이 있나요
부스스한 햇살 삼킨 시간은 냉기를 애써 달래고
순해지는 미풍을 불러 모았군요
반반의 생에 대해 잔설은 동의했지만
아직 물러나기는 이르다고 바람이 우기며 타전해요
지나치는 풍문을 귀동냥하여
이번 생의 예보를 들어봐요
추위로 아문 상처들이 터지는 소리
감긴 햇살의 눈을 열어젖히는 숨탄것들의 울음소리
심하게 아팠다가 아물 때 상처가 선명해지듯
혹독하게 추웠다가 잠깐 따뜻해지면

추위가 더 진하게 남는다고 해요

금방 속보가 왔네요
다가올 계절이 흔한 하품으로 뒤척이다가
태양을 소환해서 충동질할 거라고 해요
이제 두툼한 기분들은 여러 겹 접어
옷장 속에 넣어두시겠어요

그녀의 강박 보고서

의심의 유통기한이 흐릿해졌어
그 대신 기억은 새로운 기분으로 갸우뚱하지
아마 반복의 사용기한은 더 짧아졌겠지
잠근 현관문을 몇 번이나 돌려보는 건 매일의 습관
보도블록의 금을 밟지 않도록 조심해야 해
꾹꾹 눌러 담은 확인을 해독하기 위해
모아둔 영수증 주변을 기웃거려보곤 하지

긁어놓은 통증이 있다면 이런 맛이겠지
맛나게 물어뜯어 분홍 살이 보이는 손톱의 비릿한 맛
먹어도 먹어도 채워지지 않는 주이상스*
오답 노트를 오답으로 필사하여 정답이 될 수 있다면
굽은 길 비스듬히 돌아가면 곧은 길로 나아갈 수 있겠지
지나치게 규칙적인 것을 허기라고 하자
매일매일 깊어지는 오류를 한입 베어 물면
도돌이표같이 오도독거리는 확신의 맛이 났어

확실한 건 거울밖에 없다고 우기지
문득 바라본 거울 속 뒷모습은 금지된 재현**
나쁜 마음을 품고 보는데도 얼굴을 볼 수가 없어
표정 없는 기분들이 신발을 색상대로 정리하고 있어
거울 밖 그녀는 약상자에서
손가락 밴드를 찾고 있고

그사이 깨끗하게 씻은 불안이
그림자 하나를 슬쩍 풀어놓는다

* 고통이 동반되는 쾌락.
** 르네 마그리트 그림 제목. 1937년 작.

불면(不眠)이 불면

— 카페인론(論)

하품이 어둠과 함께 눅진하게 풀어진다
제발 눈 감아보자고 관처럼 누웠다
생각의 타래가 머리를 풀고
낮 동안 부러졌던 말들이 무성하게 자란다

태초에 뿌리 없는 이야기가 있었지
생각이 불면?
범람하는 기억들이 싱싱해지거나
피었다가 흩어지는 봄꽃의 절정
바람이 불면?
문득 이웃집 남자의 조용한 요리가 궁금해지거나
잔꽃 무늬 원피스를 입고 갑자기 길을 잃고 싶어지지
면이 불면?
슬픔의 둑이 무너져
면처럼 퉁퉁 불어버린 눈꺼풀

등이 시린 어제의 고단함이 무거워졌어
장마 같은 피로가 잠꼬대처럼

선잠의 입구에 막 도착했어
시계 소리가 시들해지기를 기다려보지만
침대 위는 여전히 어둠이 내린 풀밭
영문도 모르고 소환된 수백 마리 양들과
번호표를 뽑고 기다리는 별들이
지루하게 대기 중이다
곧 눈먼 양 한 마리가
길을 잃을 것 같다

달항아리

손 없는 날은
아무도 누구를 찾지 못하는
몸풀기 좋은 날

만삭의 아낙은 말간 얼굴로
숯가마에 파고들었다
둥글게 부푼 배 위에
뜨거운 만년설이 내렸다

기다림은 시간과의 사투
때를 기다리는 것은 때가 되었다는 증거

사흘 낮과 밤
만월의 배를 안고
견뎌온 불의 시간은 하얗게 타들었다

입김을 품어 오랜 산고 끝에
이루어낸 둥근 통증

속을 단단하게 비워야
비로소 완성되는
불의 사생아

차가운 산란이다

능소화 유감

저렇게 붉은 데는 이유가 있지
담을 타고 슬쩍 뛰어넘는 도반과
나무의 속살 더듬으며
염천 대낮을 견디는
저 타오르는 인내

담의 문장을 익히고
무해한 바람과 해를 필사하여
품어 쓴 뜨거운 연서

밤새 내린 비에
투둑
온몸 던지는
봉인된 수직 통증

모서리가 아프다

밖에서는 뾰족하게 날이 선 아이
집에 들어오면 구석 찾아 눕는다

아이가 만든 칼칼한 세계는 선을 긋고 벽이 된다
그 벽 안에 또 다른 벽을 쌓아 만든 예각의 감정들
구겨지고, 찢어지고, 짓이겨져
무럭무럭 자라난 모서리

모서리 안의 세계는
길고양이의 조심스러운 몸놀림
많이 들여 깎은 손톱의 쓰라림
사춘기에 접어든 비구의 불안한 눈동자

문득 어제 식탁을 치우다 부딪힌 우리 집 식탁 모서리를 바라본다
내 안의 모서리가 아프다

꽃무릇

다가서지 못함은
다가설 수 있음의 금기

무릇,
꽃이었으니 피었다
나와 당신 사이
꽃과 잎 사이
목을 돌올하게 빼고 기다린 억겁의 시간
잎의 호흡이 시작되기 전
꽃의 얼굴이 먼저 붉다

늙은 바람이 불 때마다
꽃 진 자리
초록 유서로 뿌리내린
이명의 그리움
무릇,
한 생(生)이다

지심귀명례*

어디 갔다 왔느냐?
붉은 입술, 분내 피해
돌다 온 어린 비구
몇 번이나 바랑 챙기지만
산문을 넘지 못했다

지심귀명례 그만 잊을게요
지심귀명례 용서해주세요
각혈하듯 화르르 쏟아내는
선홍빛 홍매화
지독한 몸살 열흘 아파라

* 불교에서 정성스럽고 극진한 마음으로 부처님의 가르침으로 돌아와 몸과 마음을 부처님 전에 바친다는 의미.

가볍고 깊은

— 은해사 작약 앞에서

부처님, 용서하세요
햇살이 하도 고와서
산문 들어올 때 몰래 숨겨온
분홍 치마 한번 입어봤어요
갑작스러운 단장에
너는 무엇이냐고 물으실 것 같아서
대답 대신 황급히 꽃을 피웠지요
부끄러워서 금세 붉어지는
제 얼굴 보셨나요?
부처님이 혼낼까 봐
벌들은 얼씬도 안 하네요
나비들은 기웃기웃 탑돌이 하듯
돌계단 주변을 돌다가 풍경 소리에
화들짝 놀라 뒷걸음치네요
간혹, 지나가는 바람이 제 치마를 들쳐
붉은 속살을 훔쳐보고 있어요
이럴 때, 법당문 슬쩍 열고
부처님 당신이라도 곁눈질해주셔야지요

그저 감은 눈으로 미소만 짓지 말고요
아니면 봄이라도 더디게 가도록 잡아주세요
혹시 아나요
어린 비구라도 와서
햇귀 같은 눈으로 들여다봐주면
그의 눈부처 되어 한평생 그리움 반쪽으로 남을지

우물, 그 깊이에 관하여

우물 속엔
내 고향 할머니의
눈물이 고여 있다

거친 손마디 마디에 서린
긴 한숨
바가지 가득 담아
눈물 바람에 날려 보낸다

깊은 우물 속엔
홀로된 며느리의
수심 어린 얼굴이 흔들린다

젊은 날의 여물지 못한 사랑
우물 속 깊이 그리며
속으로 속으로만
세월을 퍼내고 있다

우물 속엔

우 · 물 · 속 · 엔

그 깊고 깊은 우물 속엔

그녀들의 메마른 전설이

범람하는 오아시스를 몰래 꿈꾸고 있다

접착과 집착

접착은 시간과의 사투
떨어질 수 있는
강도가 약해질 수 있는

집착은 내려놓음에 대한 밀착
이루지 못하면
달라붙는
시간이 흐르면 더욱 깊어지는
병든 풍요

4월, 스캔들

며칠 내린 비로
봄기 가득 기지개를 켜는
들녘에 서면

울컥 안달 난 먼 산이
허둥대며 아랫도리부터 유록의 옷을 갈아입는다

갑작스런 산의 도발에
화들짝 놀란 꽃망울
품었던 연정 풀어헤치며
황급히 뒤돌아서서 화장을 한다

드라이플라워

가끔 활짝 피어날 것
가능하다면 향기로 지문을 남길 것
누군가의 고백과 함께할 것
바짝 마르더라도 낡은 기억 속에 남을 것

제2부

과속으로 달려오는 초록

6월, 양산장

양산발 부산행 버스 정류장 빵 가게 앞 소년이라 하기에는 지쳐 보이고 청년이라 하기에는 입가가 해사한 푸른 작업복의 남자아이 어른이

케첩 가득 묻은 피자빵을 먹고 있다

그 맞은편 의자에는 안동역을 개사한 원동역을 목청껏 부르며 주황색 환타를 틈틈이 마시다가 끊어지는 혼잣말로 학교 선생님을 소환하는 귀밑머리 희끗한 중년의 남자가 있다

그 옆쪽 좌판에는 수레국화 색 투피스를 입은, 얼굴이 가득 그을린 노파가 청매실과 마늘종을 팔면서 며느리인지 딸인지 모를 피붙이 여성에 대한 불만을 담배 연기와 함께 뱉어내고 있다

배차 시간을 애써 맞추려고 달려오는 버스처럼 초록이 과속으로 달려오는 6월 양산장은 녹음이 무성하다

자작극

늙은 총각은 자작나무 흰 가지를 꺾어 청실홍실 감아 자신이 자는 문 앞에 걸어두었다. 평생의 배필을 만날 수 있다는 이웃집 홀아비의 이야기를 믿었다. 총각은 골골이 깊어서 범이 살았다는 범든골*에 들어 자작나무 흰 숲에서 소심하게 가지를 꺾어 왔다 인연을 만나게 해달라고 보채듯 기도했다 몇 달이 지나고 몇 년이 지나고 수척해진 늙은 총각은 실만 남고 삭은 하얀 자작처럼 머리가 하얗게 세었다 늙은 총각의 바람은 세월과 함께 적막하게 자작자작 풍화되었다

* 양산시 하북면 답곡리 삼덕 마을에 있는 골짜기, 범이 들었다 하여 지어진 이름.

도벽

훔쳤다
싱그런 20대 여자의
긴 생머리를 눈으로 슬쩍
이내 우울한 동공의 내가
지하철 유리창에 무심코 버려진다
히터의 온기에 무거워진 눈꺼풀
하품이 눈물과 접속한다
기분을 잃어버린 표정들 속에
다음 정차역은 40대 폐경 역이 되지 않을까

가끔 지하철이 속도를 내면
동그란 손잡이 속 밀폐된 불안이
졸고 있는 중년 남자의 부른 배를 훔쳐보며
위로받는 듯

백련암, 그곳에 가면

통도사 백련암에는
하늘 떠받치고 있는
늙은 은행나무 한 그루 있다
겨우내 잔기침하며
젖은 기다림 말리는
살아 있는 화석

세월의 각질 속에
수만 번의 계절이 바뀌어도
푸른 합장
빈 그리움에 싹을 틔우는
그대, 아미타불*

* 중생을 극락으로 이끌고 무한한 빛과 무한한 수명을 가진 부처.

안부

눈으로 들을 수 있는 말이 있다
여름 장맛비에
늙은 산이 오래된 기억처럼 돌아앉았다
—잘 지내시는지
표정보다 조금 더 어눌한
빗소리로 답해주었다
며칠 남편과 냉전이었고
며칠 백일해로 쿨럭였고
며칠은 밀린 고지서들을 처리하느라 바빴다고
먼 걸음 뒤에 만날 나중이 답하였다

눈으로 바라보는 여름의 끝
빗소리를 본다

하지

발이 작다는 것은
자기 목소리를 갖지 못했다는 증거
엄마는 어린 나에게 흰색 운동화를 사주며
오래 신어야 한다고 하셨다
발이 통통하게 살이 차올라도
신발을 벗지 않았다
옥수수밭을 몇 번 갈아엎어도 발은 자라지 않았다

검은 옷을 입은 나는 발이 아프다고 했다
짐승처럼 갇힌 발

도망가지 않을게요. 신발이 아닌 내 발이 보고 싶어요. 발이 이렇게 작은데 넘어지지 않을 수 있나요? 신발 대신 튼튼한 목소리를 갖고 싶어요

엄마가 자주 그릇을 깨뜨리고
화장을 지우지 않고 잠든 시간이 많을수록
작은 발은 소심하게 자랐다

운동화 끈 사이사이로 바람이 기웃거렸고
옥수수는 여물었다

나는 상한 기억들을 땅에 심으며
수염이 거세된 삶은 옥수수를 먹을 수 있었다
해의 그림자가 유난히 긴 하루가
작은 신발에게 목소리를 돌려주었다

어디까지나 희망 사항

우리가 우연히 마주친다면
당신 옆에 있는 중년의 당신 아내는
나보다 좀 덜 똑똑해 보였으면 좋겠습니다
이왕이면 나는 단정하게 화장하고
배추꽃 같은 순한 웃음 흘리고 싶습니다
당신의 중년 부인은 대충 씻은 얼굴에
무릎이 튀어나온 추리닝 차림이었으면 좋겠습니다
내 옆 중년의 남편은 당신보다 백발이 적고
당신보다 더 싱그런 미소를
연신 흘려주었으면 좋겠습니다
나는 당신을 보고 살짝 목례를 하고도
태연할 수 있고
당신은 왠지 허둥댔으면 좋을 것 같습니다
남편이 누구냐고 물으면
당신이 들을 만큼의 크지 않은 목소리로
—예전에 좀 알던 사람
아무렇지도 않게 대답할 수 있었으면 좋겠고
당신은 누구냐고 묻는 당신의 아내에게

—그게 말하자면 그러니까…
머뭇거리며 한마디로 정의 내리지 못했으면 좋겠습니다

그런 날이 온다면
그날은 초겨울 해 질 녘이었으면 좋겠습니다
이건 어디까지나 희망 사항입니다
나는 그럴 일이 있을까 봐
외출할 때는 늘 단정한 옷에 화장을 합니다
남편에게는 웃는 얼굴이 잘 어울린다고
오래전부터 미소를 장착해달라고
미리 부탁도 해두었습니다

우연히 만날 일도 없겠지만
마트나 기차역에서 당신 비슷한 사람을 본 날은
치밀했던 모든 계획이 완전히 포맷되어 날아가 버립니다
대신 오래전 기억들이 떠오릅니다
—잘 지내나요?

잠 속의 잠

— 통도사 휴게소에서

경부고속도로 하행선 마지막 휴게소의
새벽 2시를 본 사람은 안다
그곳에는 거대한 잠들이 있다
빼곡히 들어선 트럭들이 숨을 멈추고
피곤한 사내들이 화석처럼 앉아서
동굴 잠에 빠져 있다
달려온 고단함은 바퀴의 잘못이 아니다
어둠에 저당 잡힌 속력은 유폐된 목적지
엔진이 멈춘 무덤 앞에서
과속의 잠을 청하는 사내의 굽은 등은
'오늘도 안전운전'
기척 없는 속도를 내며
살아 부풀어 오르는 무거운 잠 속에
휴게소는 새벽을 기다리는 푸른 침실이다

노안

어느 시인의 평론집을 읽다가
시적을 사적으로 읽었다
오독이 시작되고 모든 글은
사적으로 변했다

시적 유희가 사적 유희가 되고
시적 자유가 사적 자유가 되고
시적 허용이 사적 허용이 되었다

덕분에 시를 읽는 나는
가끔 아주 사적인 사람이 되어
시시하고 사사로운 감정에 자주 빠져들 수 있다

메멘토 모리*

–나를 얼마나 사랑해?(죽도록 사랑해)
–엄마, 배고파 죽겠어
–보고 싶어 죽을 것 같아
–김치 맛 죽인다

좋아도 죽고
힘들어도 죽고
그리워도 죽고
맛있어도 죽고

죽었다 깨어나도 못 따라갈 실력 앞에서 죽기 살기로 공부하거나 일하다가도 죽은 듯이 자고 나면 살아나는 우리

너무너무 살고 싶어서 죽고 싶은** 우리는 죽을 힘을 다해 살아간다

* 자신의 죽음을 기억하라.
** 심보선 시 「청춘」에서 인용.

상처의 맛

책장을 급하게 넘기다가 손가락을 베었다
순간, 아린 상처를 혀로 핥았다
입안 가득 퍼져오는 비린 소금의 맛
내 안에서 파도가 친 모양이다

설거지를 하다가

그리하여 마음은 부서질 것이나
부서진 채로 살아가리라.
– Byron

설거지를 하다가
아끼는 접시 하나를 깨뜨렸다
조심하지 못한 나의 실수다
깨진 접시가 아까워 몇 번이나 다시 맞추어보았다

나는 접시며 국그릇, 밥그릇같이
많은 것들을 깨뜨리며 살았다
어떤 그릇은 깨져도
다시 사면 되지 충분히 쓸 만큼 썼지
쉽게 달래기는 했는데
이 접시는 깨진 조각조차 아까워
내 손을 타박하고
며칠 동안 조각들을 물끄러미 바라보았다

문득 살아오면서

내가 깨뜨린 인연을 생각했다
그릇이야 내 실수로 깨진 것이지만
인연은 나 혼자만의 실수는 아니었다
나는 조각난 관계를 그 자리에 두고
서둘러 떠나온 것이 아닌가
다시 어어 붙이기를 허락하지 않았고
전화번호부에서 삭제하듯
기억 속에서 빠르게 유폐시켰다

조각난 접시를 보며
깨뜨린 내 손과
한쪽 귀퉁이가 떨어져 나간 내 인연이
같은 무게로 아팠다
깨지기 전에는 몰랐던 나의 익숙함
나는 쉽게 부서질 수 있지만
부서지기 싫어하는 단단한 세계였다

그의 유일한 부동산

멀리 하얀 네모 공중에 떠 있다
이십 년 된 십오 평 아파트
남자는 낯선 술집에서 하루 각질 벗어놓고
불빛 고여 있는 네모 속을
꾸역꾸역 찾아 들어간다
그의 헐거워진 걸음은
작은 아이 목소리에 저당 잡혔다
누군가는 뿌리 잃은 먼지와 악다구니를 남기고 떠나고
또 누군가는 짐짝 몇 개 들이고
이곳으로 스며들었다
그의 창백한 귀가는
멀리 호각 소리와 함께 휘청인다

젊은 청소부 사내의 뭉쳐진 종아리가
힘겹게 부풀어 오른 어둑새벽
핏발 선 시선들 소심하게 문을 열어
이른 빨래를 널고

문득 바라본 고속도로에는 여전히
차들이 질주를 하고

제3부

슬픈 항상성

그녀, 미경*

복숭아꽃이 보이나요
하얀 박꽃도 잘 어울리겠지요
초록 싹이 돋아나는
그녀의 발화는 만개한 꽃
흰 꽃잎 문장이 낭자한
입술에서 미소가 떨어져요
태양이 땅과 가까워지는 시각에 뜬 손톱달이
그녀 눈 속에서 까무룩
졸고 있네요

더 가까이 다가가면 선명하게 보여요
봄은 꽃으로 피었다가
분홍으로 지는 도돌이표같이
그녀 주변을 맴돌아요

* 시민사회단체 운동을 함께 했던 양산시민 성미경.

봄날, 지다

중학교 2학년 큰아이 등을 후려치던, 그날
처음으로 아이에게 손목이 잡혔다
작고 보드랍기만 한 내 품에서 나온 살덩이가
언제 이렇게 자라
강한 힘으로 나를 막아서는지 움찔 놀랐다

미수에 그친 서로의 도발
박제가 된 시간
손목을 잡은 아이의 떨림이
미세하게 전해졌다

세상의 모든 고요가 이렇게 적막할까?
세상의 어떤 긴장이 이리도 팽팽할까?

놀람과 서운함 사이의 아득한 거리
주워 담을 수 없는
깨진 거울 조각 같은 흔들리는 눈빛은
갓 태어난 짐승의 호흡처럼 불안했다

일시 정지 버튼을 누른 듯
적막의 시간이 지나고
서로 뚝뚝 끊어지는 대화를 애써 이어 붙이며
아빠에겐 비밀로 하자고 약속했다

보통 때보다 더 매운 떡볶이를 아이와 먹었던, 그날
창밖에서 봄이 지고 있었다

사춘기와 갱년기

내 속에서 빠져나온
열일곱 살 반항이
벽을 향해 주먹질하며

그냥 콱 뛰어내리겠다고 한다
—그래라 중간층쯤에서 후회할 거야

며칠 지나 머리 깎고 절로 들어가겠다고 한다
—그래라 두상이 예뻐서 완전히 다 깎으면 잘 어울릴 거야

또 여러 날이 지나 외항선을 타고 바다로 갈 거라고 한다
—비려서 안 먹던 생선 열심히 사 먹으며 너를 그리워할 거야

너덜거리던 날들이 가고 이번에는 단식으로 버틴다
—식은 밥까지 다 먹어치워야지

설거지 말끔히 한 후 거울을 본다
깜빡 잊고 거울 앞에 걸어둔
얼굴이 시간을 갈아입는다

내 속에서 유쾌한 여자가 빠져나간 듯

덕분인지 때문인지, 울컥

식탁 앞에서 고개 숙이고 졸고 있는
반백의 남편 바라볼 때
녀석이 덜컥 올라온다
목울대를 타고 기어오르는 이 녀석은
분명 나의 약한 감정 먹이 삼아 힘을 키웠지 싶다

첫 아르바이트를 하고 꽃분홍 속옷 사 온
큰아이의 김 서린 안경을 보면
한겨울 추위 속에서도 녀석이 언제 올라왔는지
코끝까지 뜨겁게 점거했다

어느 날은 감동과 연민이 주된 먹잇감이고
가끔은 아름다운 풍경과 애틋함을 디저트로 삼기도 한다

한 번씩은 동족인 울먹을 동반하여
기습적으로 찾아오는 날도 있다
그런 날은 애써 헛기침으로 녀석을 쫓아 보기도 하지만
그럴수록 오히려 더 자주 출몰하여

내 주변을 배회하는 날이 많다

한동안 안 보여서 궁금하기도 하고 걱정도 했는데
녀석이 덜컥 나타났다
덕분인지 때문인지, 요즈음 함께 살고 있는 사람보다
이 녀석 눈치를 더 자주 본다

중이염

아버지는 걸을 때부터 물가에서 자란 뱃사람이었다
바다를 바라보는 아버지의 젖은 눈 속에는
푸른 동해가 출렁거렸고
불쾌한 아버지의 욕설에서는
운 나쁘게 그물에 걸려든
치어들의 뾰족한 뼈 냄새가 났다
오랜 물질로 아버지 귓속은
자주 바닷물로 일렁이었다
비라도 오는 날은 귀이개가 흥건히 젖을 정도로
누런 바닷물이 흘러나왔다
아버지는 통증을 소주 몇 잔으로 달래고
비스듬히 흐린 잠을 청했다

가끔 꿈에서 아버지를 만나는 날에는
내 귓속에서 아버지의 바다가 일렁였다

—손대지 마세요
—수분이 많은 귓속입니다

통증이 미끼처럼 구석구석 걸려 있는 귓속
낡은 어망 말리듯 말리고 싶어서 찾아간 병원
의사는 하얀 치아를 드러내 웃으며
연분홍색 덱시로펜정* 한 알과 흰색 프레디솔정** 두 알을 처방해 주었다

며칠 귓속 바다가 가려움과 통증으로 만선인 날은
알약 몇 알로 나도 아버지의 잠을 비스듬히 청해본다
그런 날은 기억의 심해에서
아버지가 잡아 온 은비늘 물고기 비린내가 펄떡이는 꿈을 꾸곤 했다

* 통증 및 염증 완화에 효과 있는 소염진통제.

** 항염 호르몬제.

봄날, 가족사진

꿈을 꾸었지요
달에 노란 유채가 만개해서
분화구는 화병이 되었지요

아버지는 푸른 작업복 흰 실로 꿰맨 자국을
한 땀 한 땀 밟으며
일터로 나갔지요
아버지는 오늘도 야근인데
빨리 들어가라고
퇴근할 때 시래깃국을 준비하라고
길가 싹이 오른 엉겅퀴를
훑어서 주었어요
나는 이웃 삼촌 이발소에서 면도질까지 말끔히 한
단발머리 못난이가 되어
배부른 달을 마냥 쳐다보았지요

오빠는 돌아보지도 않고
새총을 들고 메추라기를 쫓아 가버렸어요

따라오지 말라고
잔돌을 내 다리 옆으로 던졌지요
오빠는 절뚝거리는 다리를 끌며
희미한 소실점이 되었어요

달에서는 유채꽃 잎들이 떨어졌지요
봄밤이 냇가에 노랗게 흐르고 있었어요

가을, 가족사진

햇살이 꾸벅꾸벅 졸고 있는 대낮
아버지는 어린 나에게 막걸리 심부름을 시켰다
아버지가 물려준 유산은 확실한 보험
빨개지지 않기
휘청거리지 않기
정확하게 발음하기

주전자 주둥이에 입을 대고
막걸리를 홀짝홀짝 마시며 돌아오던 길은
어느새 두 갈래 세 갈래로 아득했다
아버지는 멀건 얼굴로 들어서는 나를 보고
–가시나가 누굴 닮았는지
그 한마디 던지고는
비가 올 것 같다고 영문도 모르는 빨래를 향해 소리쳤다
–나 아버지 닮았는데

멀리 산등성이 단풍들은 벌써 불콰한 얼굴로 내려오고 있었다 그런 날은 비도 오지 않고 공장 갔다 오는 엄마만 밤새 울었던 기억이 시든 방아 향처럼 진하게 남았다

찌개를 다시 끓이며

어젯밤 대충 데워놓은 찌개가
아침이 되니 쉬어버렸다
팔팔 끓이지 못한 내 실수다
돌아가신 친정엄마 자주 말씀하셨다

팔팔 끓어 넘치도록 데워야 쉽게 쉬지 않는다 사람도 마찬가지다 펄펄 끓어오르는 사람은 쉽게 바뀌지 않는다 니 아버지 용광로 같은 대단한 성격은 죽는 순간까지 싱싱하더라

그 덕에 우리 가족은 한여름 화분 속 식물처럼 시들했다

미열을 동반한 얕은 두통이
통증인지 착각인지 모를 뒤숭숭한 기미
드러나지 않는 미지근함은 도무지 알 수 없는 불안의 징후

자신을 달구어 뜨겁게 넘치는 사람은
비등점이 익숙한 태도여서

주변은 하나도 이상할 것 없는 한여름 꽃더위다

끓어 넘쳐야 비로소 유지되는 슬픈 항상성
오늘 나는 한소끔 넘치게 찌개를 다시 끓이며
하루하루 싱싱해지는 상상을 한다

음력 이월

목련이 딸꾹질하며
추위 몰고 오는 날
엄마는 두 눈 고이 접어 봄바람 마중 갔다
친정에 오니
이불 밑에 누워 있는 반짝이 댄스복 한 벌이
늙지도 않고 빤히 쳐다본다
어쩌자고 철없는 댄스복은
문화센터 실버 댄스에 결석하였는지

엄나무 마른 가지 사이로
그렁그렁한 햇살 기웃거리는 해종일
밑간 덜 된 기억들이
짠 타박으로
봄을 재촉한다

목련을 보내다

막 오십에 접어든 그녀가
전송한 목련 사진
밤새 팝콘처럼 폭폭 터지는 소리에
목련보다 더 하얗게 밤을 새웠다고 한다
사진 속
예고 없이 찾아온 폐경처럼
겨우내 움튼 봉오리는
잔기침을 몰고 오는데
더디게 더디게 온 봄날이
구겨진 뒤꿈치만 보이고
저만치 간다

슬픔은 자주 둥근 모습을 하고 찾아온다

둥글게 몸을 말고 꼬꾸라져 자는 남편의 휘어진 등을 보면
낮 동안 그가 감당했을 직각의 고달픔과
내가 퍼부은 모난 잔소리가 떠오른다

오래전 술에 취한 젊은 아버지가 밥상을 뒤엎을 때
엄마는 두 팔 벌려 허리를 둥글게 말고 우리를 감싸 안았다
마당 구석에 흩어진 밥알들이 꽃잎처럼 흐드러진 밤이었다

부서졌던 엄마의 시간이 둥근 방패가 되어
나는 아버지 손에 이끌려 공장 가는 대신
환한 문장 찾을 수 있었고
오빠의 뜨거운 심장은 군대에 정착하지 않아도 되었고
언니는 웃는 눈이 고운 남자를 만날 수 있었다

누군가에게 침을 뱉고 싶거나
나 자신이 누더기 같을 때
한쪽 구석에서 몸을 둥글게 말고 있으면
슬픔이 코끼리*같이 몸을 불려 찾아오곤 했다

슬픔은 자주 둥근 모습을 하고 찾아온다
고개를 푹 숙인 추모객들의 둥근 목덜미와
엎드려 기도하는 중년 남자의 둥근 등과
저 멀리서 끌차를 밀고 걸어오는 노파의 굽은 허리

그들에게서 둥근 슬픔의 각이 느껴진다

* 타마라 엘리스 스미스의 그림책, 『슬픔은 코끼리』, 반출판사, 2023년.

혼자 먹는 밥

친정엄마 이른 아침 전화하셨다
—내 며칠째 노란 밥 묵었다
밥통 한구석에 구들구들
굳어가는 노란 무관심 덩어리
문득 두려웠던 것일까
한때는 가족의 배고픔 달래주던 끈적한 살점들

아버지의 휘청거리는 귀가를 기다리던
엄마의 불안과 허기는
이불속 밥과 함께 몸집을 불렸다
아버지의 귀가가 늦어질수록
밥알들은 초조하게 굳어가고
먼 데서 들리는 사이렌 소리와
개 짖는 소리는 밀도를 높였다

엄마는
이미 알고 있었다
식은 밥 덩이 물에 말아

버르르 풀어진 밥알 씹으며
허기는 그냥 습관이라는 것을
젊어서 떨어져 나간 살점 잊듯
가끔 잊을 수 있다는 것을

홀로된다는 것은 어쩌면 한 덩이의 밥처럼
조용히 말라가는 일

농부 작가, 그녀

그녀의 봄날 하루는
여름날 열흘보다 바쁘다고 했다
찬밥 물에 대충 말아 먹고
종종걸음으로 호미 들고 밭으로 간다
밭에 가야 글을 줍는다고
이른 햇귀 같은 글씨앗들을 파종하더니
한 이랑씩 움직일 때마다 글 다발을 캐낸다
엉겅퀴는 며칠 냉전 중인 막내딸
민들레는 회복 중인 친정 언니
신냉이는 입바른 소리만 하는 아랫마을 친구
비라도 오는 날은 달콤한 게으름*으로
컴퓨터에 앉아 독수리 떼들이 문장을 방목한다
그녀가 풀어놓은 문장들이
한 줄 한 줄 채워지는 동안
긴 봄장마가 글 한 편을 완성했다

* 영화 〈먹고 기도하고 사랑하라〉 중 대사.

탯줄

군대 가 있는 작은아들을 스케치하다
다 된 그림에 물감이 묻었다
연필로 이리저리 성형하다
드디어 완성이구나 싶어 쓰다듬다가
무심코 묻혀버린 유화 물감
어디서 묻혀 왔는지
내 애틋함이 종일 엎질러졌다

안타깝고 아까워
밤새 뒤척이다
다시 마음속에 고이 품어
스케치를 하였다

지우고 쓰다듬고 반복하여
오랜 산고 끝에
탯줄을 잘라 내어보니
큰아들 얼굴이 불쑥 나와 있었다

나는 아이 둘이 닮았다는 것을 모르고 20년을 살았구나

미스 캔들*

창호지에 비친 그림자 보며 말 걸기 하던 소녀
어둠은 소녀를 위한 무대였지
빛을 등 뒤에 세워둔 많은 날
살아온 익숙함으로
그림자 밖 삶을 몰랐어

풍경 소리에 비켜 가는 바람
무심코 걷는 걸음에도
법문 같은 이유가 있다는 것
떨어지는 꽃잎 보며 알았지

앞만 보고 달리다 만든 겹겹의 벽
고단함 속에 끄적이던 단상들이
단단한 벽 여는 문이 되고
숨비소리 새어 나오는 문장 되었지

어둠은 빛을 위한 조명
촛불을 켜듯 삶을 켤 시간

어둠이 진할수록 사위는 밝아지지
고통으로 받아낸 촛농은 뜨거운 눈물의 언어
소녀의 눅눅한 그림자가 환한 이야기로 흐를 수 있는 건
고여 있던 말들이 목소리를 찾았기 때문이지

* 양산의 여성 기업인 서영옥 수필가의 소녀 시절 별명.

엄마 꽃

늦은 봄
앞마당을 등불처럼 비추던 꽃들이 졌다
화단을 서성이던
엄마의 얼굴에도 그늘이 졌다
꽃 지고 난 자리
우리 엄마 얼굴에 갑자기 피어난 검푸른 꽃
하루하루 피어나는 그늘진 이름
엄마의 떨어지는 기력 양분 삼아
주름과 함께 활짝 피어난다
평소에 거울을 잘 안 보는 엄마 말씀하신다
—세월에 지고 나서야 내 얼굴에는 꽃이 피네

제4부

꽃 아닌 꽃

평준화를 이루다

어느 재벌 총수가 죽었다
긴긴 장례 행렬이
며칠째 신문 사회면을 전세 냈다

13평 복도형 임대아파트에 사는 김 노인이 죽었다
어둔한 걸음걸이와 쿨룩이는 기침이
먼지 쌓인 정물화가 된 지 오래
저녁 TV 뉴스에서 발견된 죽음은
통계가 되었고
해드라인을 통해 고독사는 특집이 되었다

죽어서 이루어낸 죽음의 평준화
죽어서 언론에 보도된 팩트체크

'삼가 고인의 명복을 빕니다'
파지를 싣고 지나가는
백발의 노인이 툭 내뱉는다

노인은 절뚝절뚝 사라진다

앵콜송

평일 아침
25인승 관광버스는
관광 대신 사오십 대 그녀들을 싣고
양산시 북길 산막공단으로 향한다

주파수 맞지 않는 라디오에서
익숙한 노래가 끊어졌다가 이어지기를 반복하고
버스가 달릴 때마다
그녀들의 고개가 노래에 맞추어 좌우로 흔들린다

주억거리며 밀려오는 농밀한 잠은 트로트풍의 졸음
밭은기침과 긴 한숨은 두 박자 도돌이표
가끔 신호 대기 중일 때
중력을 이기지 못한 그녀들의 고개가 아래로 떨어진다

푸석한 중년 여자들의 하품을 싣고
관광이 유보된 관광버스는
땀의 곡조와 함께 그녀들을

회색 공장 앞에
짐짝처럼 부려놓았다

달리고 달렸다
관광도 가지 않으면서
오늘 한 소절을
이른 커피믹스로 시작하는
그녀들의 하루는 날마다 앵콜

순장

— 문선희 작가의 『묻다』*를 읽고

수신되지 않은 온기가 반송되었다

울음이 마려운 들꽃이
물컹한 땅에 하혈을 한다
허기진 봄이 몇 번 머물다 갔고
이유 없이 던져졌던 축축한 짐승의 땅에서
꽃 아닌 꽃을 피웠다

그날
비명을 묻었다
바람이 가져간 외마디
한 생이 자라기도 전에
다른 생을 위해 묻힌
익명의 숨탄것들

비닐로 봉인된 울음을 묻고 돌아오는 저녁
죽음 없는 무덤들** 앞에서
나뭇잎이 수런거리는 소리를 들었다

노란 들꽃을 마주하는 데도

용기가 필요했다

* 르포작가 문선희의 2019년 저서, 구제역과 조류인플루엔자로 살처분된 동물들의 매몰지를 촬영한 기록과 사진이 르포 형식으로 실려 있음.

** 동일 저서에서 인용.

산업단지 OUT

평생 일구어온 땀 냄새 배인 땅
회색 시멘트로 무장한
장승 하나 뿌리 내린다
꼬꾸라진 허리로
'산업단지 OUT, 결사반대' 현수막 펼쳐보지만
지나가는 바람에도
휘청이는 얇은 자존심
봄날 당근밭에서 아이들 등록금을 캐냈고
이모작 콩밭에서 두 아들 결혼 자금을 타작했던
생산의 텃밭

푸릇푸릇 잎사귀가
언 땅을 비집고 봄을 보낸다
회색 무장 시멘트 장승의
뿌연 먼지가 잎사귀 얼굴을 가리지만
삭다리같이 바스러질
늙은 어미들의 뿌리를 흔들 수 없다

—나 죽거든 들어와라

—이 텃밭은 양보할 수 없다

양산늬우스

— 지역 주간신문을 보며

바람피운 지역 유지는
경찰청장에게 표창장 받고
통학로 없는 아이들은
산책로로 등하교를 고민한다
봉사는 나의 삶인 사람들이
샴쌍둥이처럼 한 가지 웃음을 만들고
문화수강생 모집 광고는
지면 하단에서 전화를 기다린다
고교평준화는 다시
출발점에 섰고
오래전 평준화 인터뷰한 교장 선생님은
2014년 인터뷰를 스캔하고
편집장 일상의 더듬이가
까막까막 글로 경고한다
도시의 팽창된 발전이 그늘을 만들었으니
우리는 양지로 나와
회야강을 거꾸로 흐르게 하면 안 된다고
푸석한 24면의 양산시는

미세먼지 수치와 함께

밤새 기침으로 일주일을 앓는다

대한늬우스 2024

댓글 창이 사라졌다
내가 던진 말이
하루 만에 사라졌다
잔해조차 찾을 수 없는
텅 빈 말의 무덤
생존 시간 24시간
하루하루가 포맷되어
새로 태어나는 댓글 창에서
커서는 멈춰버렸다
여론이 정착하지 못하고
'좋아요' 도 '싫어요' 도 사라진
뿌리 없는 뉴스들
세이프봇이 댓글들을 거세하고
구석구석 낯선 AI가 완장을 찼다
검열은 일상이 되고
차단과 삭제가 반복되는 사이버 세상에서
싱싱하게 자라는 가짜 뉴스들
일기예보는 믿어도 되겠지

동해 남부 먼바다에 풍랑주의보가 내리고
가까운 바다는 파랑을 조심하라고 한다
미세먼지 농도가 1은 맑은 하늘인데
빨간 원피스를 입은 기상 캐스터의 해사한 얼굴에서
서늘한 불안이 스친다

퇴근길 1

튜브를 한두 개 낀 것 같은
불룩한 술배는
그 남자의 봉인된 꿈이다
'더러워서 못 해 먹겠다'
속울음 끄억 내뱉고는
한숨처럼
쓴 소주를 들이킨다
아이들의 학원비와
아파트 대출금이
그 남자의 낡은 지갑 속에서 휘청거린다
날이 선 추위도
늘어나는 마이너스 통장만큼
무섭지는 않다

12월의 겨울 밤

오늘 하루도
그 남자의 일상은

달력 속의 무심한 숫자가 된다
그리고
어느 상점의 셔터와 함께
불안하게 내려진다

저어기
그 남자가
까만 점이 되어 오고 있다

퇴근길 2

머리로는 돈 벌기가 어두워
몸으로 때우는 사내
진한 가래침 뱉으며
찾아간 삼겹살집
잘 나가는 술이라며 권하는
주인 여자의 앞치마에
좋은데이*가 너풀거린다
뭐가 그리 좋은 날이 많은지
열일곱에 배운 술이 마흔일곱이 되어도
뱃속에서 머뭇거린다
단골이라고 특별히 내어준 천겹살을 구우며
목덜미가 허해진 돼지의 감은 눈을 생각한다
부위별로 도륙되어 떠도는 기름진 싸구려 삶

사내의 삶도
주택 대출금으로
교육비로 세금 고지서로

도륙되어 푸석한 속살 내밀며
사내의 집 우편함에 꽂혀 있다

* 경남의 무학(주)에서 출시한 16.9도의 저도수 소주.

통계에 잡히다

버려진 신문지처럼
꼬깃꼬깃 날이 저문다
더 타올라야 하는 태양은 빛을 잃고서야
길게 스러지는 법을 배운다

알바천국에 알바만 있고 천국은 없다는 것을
취준생이 되면서 알게 되었다

신체 건강한 남녀를 환영한다는
지역 신문 구인란을 배회할 때마다
나는 예외로 구인된 기분

카톡 카톡
알림톡으로 들어오는 학자금 대출 납부 고지서는
졸업한 지 3년이 지나고도 따라오는 정직한 자본주의 청구서

하루의 뒤꿈치를 훑으며 돌아온 곳에서 만난 쇼윈도우
대낮 같은 불빛 속 마네킹은 몇 년째 취업 중
청바지에서 나는 익명성의 땀 냄새가 익숙하다

안경 너머 얇은 이력을 스캔하는
면접관의 눈빛과 마주한 날
고단한 하루가 통계 속에서 허우적거린다

잃다

직장을 잃었다
아내와 딸들의 얼굴이 명치끝 통증이다
울림통 하나 마련하고자
그저 소리 냈을 뿐이다
아내의 표정은 파업 중이다
새까만 속내의 기미가
아내의 흰 얼굴을 점거했다
사슴처럼 겁이 많은 아내는
끓인 물을 계속 끓인다
주전자의 달그락거림이 그녀의 희미한 항변

작은딸이 막 영어 학원에 다니기 시작했는데
아내는 웃음을 도난당했다
머루알 같은 딸들의 까만 눈망울이
가슴에 툭!

밥과 법

누구는 밥을 벌기 위해
법을 버리고
누구는 법을 팔아
밥을 번다
밥은 입을 닫게 하고
법은 입을 열게 하고
한 끼의 밥이
한 줄의 법에
흔들린다

저기
얇은 지갑 속에
밥과 법이 나란히
푸른 얼굴로 누워 있다

저 강의 불임

태초에 곡선이 있었다
어머니 젖무덤
굽이굽이로
잠이 덜 깬 바람이
느슨한 강을 흔든다

흘러야 한다
흘러가야 한다

그녀의 마른 눈물은
아직 소금의 먼 냄새를 기억하는데
잘린 굳은살 사이로
벌겋게 드러난 수줍은 속살을
콘크리트가 능멸한다

달도 돌아누운 어둑새벽
불면의 밤을 지새운 삽질에
입덧도 잊은 지 오래

내 어머니의 자궁은

하루하루 타들어 간다

가난한 여름날의 단상

밤새 연탄을 갈듯
열 오른 두 대의 선풍기를 번갈아 돌렸지
다닥다닥 누운 목숨들이
배고픔보다 현기증 나는 콘크리트 속 깊은 밤
찬물 몇 번 뒤집어쓰고
우리는 잠들 수 있었어

한낮의 삼모작 빨래는
풍년을 예고했고
빨랫줄에 널린 하루가
바짝 통째로 말랐지
새벽을 달려온 고달픈 청바지
하늘 향해 걷고
점심나절 널어둔 브래지어는
가슴 활짝 열어
더운밥 구하러 나갔지

고집스러운 비가 며칠 내린 후
여름은 탈수를 시작했어
잘못 배달된 아프리카를
반송하지 못한 그 긴긴 여름에

−2.95*

뼛속 구멍들이
오래된 기억 갉아먹으며 살고 있다
'골다공증'을 발음하는
의사의 동그란 입술이
가슴속 동굴 하나 만들었다
주사실에서 따라온 칼슘 흡수제가
물리치료실에서 길을 잃었다
중년의 노구는
풍화된 뼈의 흔적을 찾아
화석의 기록을 뒤적인다

이번에는 꼭 월세를 올려줘야 해요 기다려보세요 몇 달 밀린 월급이 나온다고 했어요 고객님 카드 대금이 연체되어 카드 사용이 중지됩니다 아 우수 고객인 적도 있었는데 엄마 교복이 너무 작아요 요즘은 딱 맞게 입는 것이 유행이라더라

뼈는 통장의 잔고처럼 줄어들고 가벼워진다

태양 빛이 힘을 잃어가는 오후
폼퐁 뚫린 사진 속 구멍들 사이로
파란 새벽을 본 듯

* 골밀도 수치, −2.5 이하부터는 골다공증으로 본다.

낙타와 바늘구멍

낙타가 바늘구멍을 통과하기는 힘들다고 하지만 낙타가 바늘을 만나기도 힘들다 설혹 만났다 하더라도 서로 알아보지 못할 거야 낙타는 니체의 비유와 누군가의 시에 등장하느라 분주하고 바늘도 유명 수필가의 글 속에 등장하다가 어느 유목민 여인의 손에 이끌려 해진 옷 사이를 바쁘게 왔다 갔다 하겠지

불가능은 가능을 전제로 하고 가능은 불가능을 전제로 했을 때 가능한 것 어쩌면 낙타와 바늘은 겉으로는 아무런 이해충돌이 되지 않지만 힘으로 바늘구멍을 만들 때 내밀하게 드러나지 않은 사적 이해관계로 얽힌 특수관계들인지도 몰라

요즘은 일부 살찐 낙타들이 얼마나 특별한지 바늘구멍을 통과하는 일이 가끔 뉴스의 머리기사로 등장한다지 고위직 낙타 자녀가 도저히 통과할 수 없는 불가능한 바늘구멍을 통과했다고 해 힘센 아빠가 작정하고 바늘구멍을 특수 제작해 엄청 늘리거나 아빠의 힘을 본 사람들이 자동으로 바

늘구멍을 몰래 늘렸다가 다시 원상태로 돌리는 거야 맞춤식 바늘구멍이지

출발부터 무거운 짐을 진 사막의 낙타가 점점 좁아지는 바늘구멍을 바라보고 웃거나 슬퍼할 일이지

모성의 가족애

맹문재

1.

허문화 시인의 시 세계를 이루는 토대이자 주제는 모성을 바탕으로 한 가족애이다. 여성은 임신, 출산, 육아, 자녀교육 등의 과정을 거치면서 모성애를 경험하는데, 시인은 그것을 가족 사랑으로 확대하고 심화한다. 모성이 본성적이라면 가족애는 사회적이다. 따라서 모성의 가족애는 사랑의 본성이 환경 조건 속에서 실제적이고 구체적으로 나타난 것이다.

모성을 토대로 한 가족애는 여성의 희생적인 면을 미화해 가부장제를 옹호하거나 강화한다고 비판받을 수 있다. 가족에 대한 사랑을 피할 수 없는 운명으로 여기는 여성의 태도가 남성에 의한 억압과 성 착취를 용인하는 결과를 가져온다는 것이다. 실제로 유교주의가 뿌리 깊은 한국 사회에서 가족애는 가족주의와 혼용되면서 부정적으로 여겨지는 면이 있다. 가족애를 가족 이기주의 혹은 연고주의와 연관된 개념으로 간주해 근대 국가를 형성하는 데 장애가 된다고 보는 것이다.

허문화 시인의 가족애는 가문을 내세우는 전통적인 가족주의와 다를 뿐만 아니라 여성의 임신이나 출산이나 육아와 관련된 범주를 넘는다. 개인적인 것은 물론 사회적인 것이어서 다층적이고 복합적이다. 또한 여성으로서 갖는 운명 인식이 아니라 사회적 존재자로서 정체성과 주체성을 견지한 것이다. 따라서 시인의 가족애는 자본주의 체제에 함몰된 현대인들에게 필요한 대안이 될 수 있다. 이기적 개인주의를 극단적으로 긍정하는 자본주의 체제를 극복하는 가치가 되는 것이다.

자본주의 체제는 아직 대체할 경제 및 정치체제가 없기에 붕괴하지 않을 것이다. 그렇지만 지금의 자본주의가 많은 한계점을 안고 있는 것도 사실이다. 따라서 자유와 평등의 인간 가치가 실현되는 미래를 창조하는 시야가 필요한데, 그것을 위한 단기적인 실천이 유용하다. 하버드대학의 사회생물학자로 통섭의 개념을 제시한 에드워드 윌슨(Edward O. Wilson)은 단기적인 시각이 인간의 유전자 중에 내재해 있다고 전제하고 "가족과 부족 수준을 넘어선 협력은 예전대로이고, 역사 이전의 생명은 불안정하고 짧았기 때문에 유전자에 의해 인간은 1세대 혹은 겨우 2세대 앞 정도만 보고 계획을 세울

수밖에 없다."[1]라고 진단했다. 인간은 가까운 장래에 가치를 부여하고 그 이후의 것은 상대적으로 무관심할 수밖에 없다고 본 것인데, 이와 같은 방식으로 인류의 미래가 창조되는 것이다.

허문화 시인이 모성을 바탕으로 추구하는 가족애야말로 단기적인 것이지만 미래의 가치를 지향한다. 개인의 이익은 물론 공동체의 이익을 추구하기에 긴 생명력을 갖는 것이다.

2.

손 없는 날은
아무도 누구를 찾지 못하는
몸풀기 좋은 날

만삭의 아낙은 말간 얼굴로
숯가마에 파고들었다
둥글게 부푼 배 위에
뜨거운 만년설이 내렸다

기다림은 시간과의 사투
때를 기다리는 것은 때가 되었다는 증거

---

1 레스터 C. 써로우, 『경제 탐헌 : 미래에 대한 지침』, 강승호 역, 이진출판사, 1999, 70쪽.

사흘 낮과 밤
만월의 배를 안고
견뎌온 불의 시간은 하얗게 타들었다

입김을 품어 오랜 산고 끝에
이루어낸 둥근 통증

속을 단단하게 비워야
비로소 완성되는
불의 사생아

차가운 산란이다

—「달항아리」 전문

위의 작품은 "달항아리"를 만드는 과정과 여성이 임신해서 출산하기까지의 과정을 연결한다. 서로의 닮은 형태와 이미지 등을 결합하는 것이다. 여성의 출산은 새로운 생명체를 이 세상에 내는 신성한 일이기에 그날은 "손 없는 날"이다. "아무도 누구를 찾지 못하는/몸풀기 좋은 날"이어서 "만삭의 아낙은 말간 얼굴로/숯가마에 파고"든다.

배란에서 출산할 때까지의 임신 기간은 "시간과의 사투"이듯 "때를 기다리는 것"이 요구된다. "사흘 낮과 밤/만월의 배를 안고/견뎌온 불의 시간은 하얗게 타들"어가야 한다. 임신부는 임신 기간에 심장이나 내분비계나 신경계에 질환이 생겨 생명이 위험할 수도 있다. 그렇지만 "입김을 품어 오랜 산고 끝에/이루어낸 둥근 통증"을 겪은 뒤 "비로소 완성되는/불의 사생아"를 이 세상에 내놓는다. 임신과 출산의 과정을 통해 모성애를 발휘하는 것이다. 모성애는 본성적인 것이기도 하지만 어머니로부터 이어져 내려온 것이기도 하다.

발이 작다는 것은
자기 목소리를 갖지 못했다는 증거
엄마는 어린 나에게 흰색 운동화를 사주며
오래 신어야 한다고 하셨다
발이 통통하게 살이 차올라도
신발을 벗지 않았다
옥수수밭을 몇 번 갈아엎어도 발은 자라지 않았다

검은 옷을 입은 나는 발이 아프다고 했다
짐승처럼 갇힌 발

도망가지 않을게요. 신발이 아닌 내 발이 보고 싶어요. 발이 이렇게 작은데 넘어지지 않을 수 있나요? 신발 대신 튼튼한 목소리를 갖고 싶어요

엄마가 자주 그릇을 깨뜨리고
화장을 지우지 않고 잠든 시간이 많을수록
작은 발은 소심하게 자랐다
운동화 끈 사이사이로 바람이 기웃거렸고
옥수수는 여물었다

나는 상한 기억들을 땅에 심으며
수염이 거세된 삶은 옥수수를 먹을 수 있었다
해의 그림자가 유난히 긴 하루가
작은 신발에게 목소리를 돌려주었다

—「하지」 전문

위의 작품의 화자는 모녀 관계에서 자신의 목소리를 내지 못한다. "발이 작다는 것은/자기 목소리를 갖지 못했다는 증거"라는 데서 우선 확인된다. "엄마는 어린 나에게 흰색 운동화를 사주며/오래 신어야 한다"라고 당부했는데, 그것을 거절하지 못한 태도에서도 볼 수 있다.

화자는 "발이 통통하게 살이 차올라도/신발을 벗지 않았"을 정도로 엄마의 부탁을 지켰다. 어린 나이였지만, 가난한 집안이기에 신발을 다른 물건들과 마찬가지로 아껴야 한다는 것을 알았다. 그렇지만 "옥수수밭을 몇 번 갈아엎어도 발은 자라지 않았다". 화자가 엄마의 말씀을 따를 정도로 온 집안 식구들이 근검하고 절약했지만, 집안의 형편은 나아지지 않은 것이다.

화자는 그 상황에 맞서 "검은 옷을 입은 나는 발이 아프다"라고 말했다. "짐승처럼 갇힌 발"을 내려다보며 엄마에게 구체적으로 "신발이 아닌 내 발이 보고 싶어요."라고, 그리고 "*신발 대신 튼튼한 목소리를 갖고 싶어요*"라고 자기 의사를 나타낸 것이다. 엄마의 말씀을 따라도 집안의 형편이 나아지지 않자, 화자는 더 이상 순응하지 않았다. 신발이 아니라 자기의 발을 보고, 자기의 튼튼한 목소리를 내고 싶었다. 그리하여 경제적인 형편 같은 환경 조건에 주눅 들지 않고 주체성을 내세운 것이다.

화자가 그렇게 하는 동안 엄마는 "자주 그릇을 깨뜨"렸다. "화장을 지우지 않고 잠든 시간"도 많았다. 엄마는 딸의 반항에 속상해하거나 야단치지 않았다. 눈에 띌 만큼 이끌어주거나 지원하지는 않았지만, 그릇을 자주 깨트리거나 화장을 지우지 못하고 잠들 정도로 당신의 일에 매진했다. 엄마의 그와 같은 자세는 딸을 응원한 셈이 되어 화자의 "작은 발은 소심하게 자랐"으며, "운동화 끈 사이사이로 바람이 기웃거렸고/옥수수는 여물었"다.

화자는 마침내 "상한 기억들을 땅에 심으며/수염이 거세된 삶은 옥수수를 먹을 수 있었다". 고난을 견디고 목표를 이룰 수 있었던 것이다. 화자는 "해의 그림자가 유난히 긴 하루가/작은 신발에게 목소리를 돌려주"는 것을 듣는다. 감내해야 할 시간이 결코 짧은 것이 아니었지만, 좌절하거나 포기하지 않고 견디어낸 날들을 떠올린다. 엄마의 헌신적인 사랑도 다시금 깨닫는다.

> 어젯밤 대충 데워놓은 찌개가
> 아침이 되니 쉬어버렸다

팔팔 끓이지 못한 내 실수다
돌아가신 친정엄마 자주 말씀하셨다

팔팔 끓어 넘치도록 데워야 쉽게 쉬지 않는다 사람도 마찬가지다 펄펄 끓어오르는 사람은 쉽게 바뀌지 않는다 니 아버지 용광로 같은 대단한 성격은 죽는 순간까지 싱싱하더라

그 덕에 우리 가족은 한여름 화분 속 식물처럼 시들했다

미열을 동반한 얕은 두통이
통증인지 착각인지 모를 뒤숭숭한 기미
드러나지 않는 미지근함은 도무지 알 수 없는 불안의 징후

자신을 달구어 뜨겁게 넘치는 사람은
비등점이 익숙한 태도여서
주변은 하나도 이상할 것 없는 한여름 꽃더위다

끓어 넘쳐야 비로소 유지되는 슬픈 항상성
오늘 나는 한소끔 넘치게 찌개를 다시 끓이며
하루하루 싱싱해지는 상상을 한다

—「찌개를 다시 끓이며」 전문

위의 작품의 화자는 "어젯밤 대충 데워놓은 찌개가/아침이 되니 쉬어버"린 낭패를 겪는다. 화자는 그 상황 앞에서 "팔팔 끓이지 못한 내 실수"라고 인정한다. 그러면서 "돌아가신 친정엄마"가 "*펄펄 끓어오르는 사람은 쉽게 바뀌지 않는다 니 아버지 용광로 같은 대단한 성격은 죽는 순간까지 싱싱하더*

라"라고 하신 말씀을 떠올린다.

화자는 친정어머니의 말씀과 달리 아버지의 삶을 받아들이지 않는다. "그 덕에 우리 가족은 한여름 화분 속 식물처럼 시들했다"라고 밝힌 것처럼 아버지의 용광로 같은 성격은 가족의 기를 죽였다. 화자가 겪었던 "미열을 동반한 얕은 두통이/통증인지 착각인지 모를 뒤숭숭한 기미/드러나지 않는 미지근함은 도무지 알 수 없는 불안의 징후"가 그 구체적인 모습이다. 화자는 "자신을 달구어 뜨겁게 넘치는 사람은/비등점이 익숙한 태도여서/주변은 하나도 이상할 것 없는 한여름 꽃더위다"라고 비유하며 아버지 삶을 인정하지 않는다.

화자는 "끓어 넘쳐야 비로소 유지되는 슬픈 항상성"을 생각하며 "한소끔 넘치게 찌개를 다시 끓이며/하루하루 싱싱해지는 상상을 한다". 자신이 끓어 넘쳐도 주위 사람들에게 상처를 주지 않고 싱싱해지는 결과를 궁리하는 것이다.

화자는 그것을 위해 끓어 넘쳤던 아버지를 원망하거나 증오하기보다는 새롭게 이해한다. 엄마가 남편에 취했던 태도 역시 감싸 안는다. 마치 공자가 "세 사람이 같이 길을 가면 그중에 반드시 나의 스승이 될 만한 사람이 있다. 그중에서 선한 것을 가려서 따르고, 그 선하지 않은 것을 가려 그것을 고치도록 한다."[2]라고 했듯이, 아버지와 엄마를 거울로 삼는

---

2 "三人行 必有我師焉 擇其善者而從之 其不善者而改之", 「술이(述而)」, 『논어』.

다. 여성이기에 소극적인 자세를 갖는 것이 아니라 여성이기에 적극적인 입장을 엄마와 함께 추구하는 것이다.

우물 속엔
내 고향 할머니의
눈물이 고여 있다

거친 손마디 마디에 서린
긴 한숨
바가지 가득 담아
눈물 바람에 날려 보낸다

깊은 우물 속엔
홀로된 며느리의
수심 어린 얼굴이 흔들린다

젊은 날의 여물지 못한 사랑
우물 속 깊이 그리며
속으로 속으로만
세월을 퍼내고 있다

우물 속엔
우 · 물 · 속 · 엔
그 깊고 깊은 우물 속엔
그녀들의 메마른 전설이

신춘호 역주, 푸른사상사, 2021, 225쪽.

범람하는 오아시스를 몰래 꿈꾸고 있다

—「우물, 그 깊이에 관하여」 전문

위의 작품의 화자는 "우물 속"에 들어 있는 "고향 할머니"의 눈에 "눈물이 고여 있"는 모습을 발견한다. 할머니는 "거친 손마디 마디에 서린/긴 한숨/바가지 가득 담아/눈물 바람에 날려 보낸다". 눈물을 흘릴 수밖에 없는 당신의 환경에 맞서는 것이다.

화자는 우물 속에 할머니뿐만 아니라 어머니가 들어 있는 것도 발견한다. "깊은 우물 속엔/홀로된 며느리의/수심 어린 얼굴이 흔들"린다. 화자는 어머니의 눈에 눈물이 고여 있는 것을 바라보면서 당신을 더욱 끌어안는다. "젊은 날의 여물지 못한 사랑/우물 속 깊이 그리며/속으로 속으로만/세월을 퍼내고 있"는 것을 외면하지 않는다.

화자는 할머니와 어머니 앞에서 "깊고 깊은 우물 속엔/그녀들의 메마른 전설이/범람하는 오아시스를 몰래 꿈꾸고 있다"라고 여긴다. 할머니와 어머니가 겪어야 했던 고통과 그것을 극복하려고 한 노력을 받아들인다. 마치 뤼스 이리가라이가 "어머니들이 자신들의 딸과 또는 자신들의 어머니와 함께 찍은 사진을 전시하라고 조언하고 싶다."[3]라고 제안한 면

3 "I'd also advise them to display photographs of themselves with their daughter(s), or maybe with their mother. Irigaray, Luce, *Je, Tu, Nous*, Editions Grasset & Fasquelle,

을 시행하는 것과 같이 할머니와 어머니로부터 물려받은 모성애를 가족애로 구체화하는 것이다.

3.

내 속에서 빠져나온
열일곱 살 반항이
벽을 향해 주먹질하며

그냥 콱 뛰어내리겠다고 한다
―그래라 중간층쯤에서 후회할 거야

며칠 지나 머리 깎고 절로 들어가겠다고 한다
―그래라 두상이 예뻐서 완전히 다 깎으면 잘 어울릴 거야

또 여러 날이 지나 외항선을 타고 바다로 갈 거라고 한다
―비려서 안 먹던 생선 열심히 사 먹으며 너를 그리워할 거야

너덜거리던 날들이 가고 이번에는 단식으로 버틴다
―식은 밥까지 다 먹어치워야지

설거지 말끔히 한 후 거울을 본다
깜빡 잊고 거울 앞에 걸어둔
얼굴이 시간을 갈아입는다

1990, pp.41~42.

내 속에서 유쾌한 여자가 빠져나간 듯

—「사춘기와 갱년기」 전문

위의 작품의 화자는 "내 속에서 빠져나온/열일곱 살 반항이/벽을 향해 주먹질하며//그냥 콱 뛰어내리겠다"라고 막말을 내뱉은 상황에 직면한다. 화자는 "그래라 중간층쯤에서 후회할 거야"라고 대답한다. 아이를 자극하지 않으려고 다소 우스갯소리로 대답한 것인데, 아이가 자기의 황당함을 깨닫도록 하는 것이다.

"열일곱 살" 아이는 발육기를 지나 성호르몬의 분비가 증가하여 육체적으로는 성인이 되어가지만, 정신적으로는 그렇지 못한다. 아이는 그 차이에 예민해지는데, 짜증을 내거나 충동적인 행동을 내보이는 것이다. 따라서 부모가 아이의 의견을 무시하거나 일방적으로 훈육하면 오히려 반항한다. 화자는 그와 같은 면을 간파하고 아이 스스로 극복할 수 있도록 지혜를 발휘하는 것이다.

사춘기의 아이는 "며칠 지나 머리 깎고 절로 들어가겠다"라고 또다시 방황한다. 화자는 "그래라 두상이 예뻐서 완전히 다 깎으면 잘 어울릴 거야"라고 아이의 말에 동조한다. 학생 신분인 아이가 학업을 포기하고 승려가 된다는 것은 일반적일 수 없으므로 아이 스스로 자기의 말을 취소하도록 하는 것이다.

화자의 지혜로운 면은 아이가 “외항선을 타고 바다로 갈 거라고” 말하자 “비려서 안 먹던 생선 열심히 사 먹으며 너를 그리워할 거야”라고 대답한 데서도 볼 수 있다. 아이에게 자기의 행동이 부모에게 얼마나 걱정을 끼치는 일인지 알도록 해주는 것이다.

너덜거리던 날들을 보낸 열일곱 살 아이는 “이번에는 단식으로 버”티기 시작한다. 사춘기를 겪는 또 다른 모습인데, 화자는 “식은 밥까지 다 먹어치워야지”라고 역시 말놀이로 호응한다. 네가 먹지 않으면 엄마가 다 먹겠다는 농담을 아이에게 건네어 심각한 분위기를 다소 완화하면서 단식을 그만두도록 유도하는 것이다.

화자는 사춘기의 아이를 정성을 다해 키운 어느 날, “설거지 말끔히 한 후 거울을” 바라보다가 “깜빡 잊고 거울 앞에 걸어둔/얼굴이 시간을 갈아입는” 것을 발견한다. 결국 “내 속에서 유쾌한 여자가 빠져나간 듯”한 모습을 본 것이다. 아이는 엄마의 헌신적인 보살핌으로 사춘기를 넘겼지만, 그 대신 엄마가 갱년기에 들어선 것이다. 그렇지만 화자는 현실을 원망하거나 후회하지 않는다. 자기의 주체성을 상실하지 않았기 때문이다.

화자의 가족애는 「봄날, 지다」에서도 확인된다. 화자는 “중학교 2학년 큰아이 등을 후려치던, 그날/처음으로 아이에게 손목이 잡”히는 일을 당한다. 화자는 “작고 보드랍기만 한 내

품에서 나온 살덩이가/언제 이렇게 자라/강한 힘으로 나를 막아서는지 움찔 놀"란다. 화자는 그 상황에 당황하면서 용납할 수 없는 분노를 느끼지만, 아이를 일방적으로 야단치지 않는다. 화자는 "손목을 잡은 아이의 떨림이/미세하게 전해"지는 데서 느끼듯이, 아이가 자기의 행동이 옳지 못함을 알고 있다고 믿는다. 그리하여 화자는 놀람과 분노를 가라앉히고 "서로 뚝뚝 끊어지는 대화를 애써 이어 붙이며/아빠에겐 비밀로 하자고 약속"한 뒤, "보통 때보다 더 매운 떡볶이를" 함께 먹는다. "창밖에서 봄이 지고 있었"지만, 화자는 아이의 성장을 지혜롭게 이끈 것이다.

둥글게 몸을 말고 꼬꾸라져 자는 남편의 휘어진 등을 보면
낮 동안 그가 감당했을 직각의 고달픔과
내가 퍼부은 모난 잔소리가 떠오른다

오래전 술에 취한 젊은 아버지가 밥상을 뒤엎을 때
엄마는 두 팔 벌려 허리를 둥글게 말고 우리를 감싸 안았다
마당 구석에 흩어진 밥알들이 꽃잎처럼 흐드러진 밤이었다

부서졌던 엄마의 시간이 둥근 방패가 되어
나는 아버지 손에 이끌려 공장 가는 대신
환한 문장 찾을 수 있었고
오빠의 뜨거운 심장은 군대에 정착하지 않아도 되었고
언니는 웃는 눈이 고운 남자를 만날 수 있었다

누군가에게 침을 뱉고 싶거나
나 자신이 누더기 같을 때
한쪽 구석에서 몸을 둥글게 말고 있으면
슬픔이 코끼리같이 몸을 불려 찾아오곤 했다

슬픔은 자주 둥근 모습을 하고 찾아온다
고개를 푹 숙인 추모객들의 둥근 목덜미와
엎드려 기도하는 중년 남자의 둥근 등과
저 멀리서 끌차를 밀고 걸어오는 노파의 굽은 허리

그들에게서 둥근 슬픔의 각이 느껴진다

—「슬픔은 자주 둥근 모습을 하고 찾아온다」 전문

위의 작품의 화자는 "둥글게 몸을 말고 꼬꾸라져 자는 남편의 휘어진 등을 보면"서 "낮 동안 그가 감당했을 직각의 고달픔"이며 "내가 퍼부은 모난 잔소리"를 떠올린다. 몸을 말고 자는 남편을 바라보면서 그가 사회적 존재로서 견디어내고 받아들인 일들을 측은하게 여기는 것이다.

화자는 "오래전 술에 취한 젊은 아버지가 밥상을 뒤엎을 때/엄마는 두 팔 벌려 허리를 둥글게 말고 우리를 감싸 안았"던 장면도 떠올린다. 마당에 흩어진 밥알들이 꽃잎처럼 흐드러진 밤이었다. 엄마는 자식들을 보호하기 위해 허리를 둥글게 말고 아버지에게 복종하는 자세를 취했다.

화자는 "부서졌던 엄마의 시간이 둥근 방패가 되어/나는 아버지 손에 이끌려 공장 가는 대신/환한 문장 찾을 수 있었"다고 밝힌다. 그뿐만 아니라 "오빠의 뜨거운 심장은 군대에 정착하지 않아도 되었고/언니는 웃는 눈이 고운 남자를 만날 수 있었다"라고 소개한다. 엄마의 가족애에 자식들이 제대로 살게 되었음을 고마워하는 것이다.

화자는 "누군가에게 침을 뱉고 싶거나/나 자신이 누더기 같을 때/한쪽 구석에서 몸을 둥글게 말고" 눕는다. 그러면 "슬픔이 코끼리같이 몸을 불려 찾아오곤" 한다. 화자는 타자로부터 억압당하거나 무시당할 때 상대방에게 침을 뱉고 싶은 마음을 갖는다. 자신의 형편이나 처지가 누더기 같다고 느낄 때도 마찬가지이다. 화자는 그런 경우 분노나 슬픔을 표출하기보다는 한쪽 구석에서 몸을 둥글게 말고 견딘다. 그러면 슬픔이 가슴속에서 부풀어 오르는 것을 느끼는데, 그 시간을 통해 자기를 성찰하고 새로운 다짐을 하는 것이다.

화자는 자기의 경험을 토대로 주위를 둘러보면 "슬픔은 자주 둥근 모습을 하고 찾아"오는 것을 볼 수 있다. "고개를 푹 숙인 추모객들의 둥근 목덜미와/엎드려 기도하는 중년 남자의 둥근 등과/저 멀리서 끌차를 밀고 걸어오는 노파의 굽은 허리" 등이다. 아울러 "그들에게서 둥근 슬픔의 각"을 느낀다. 슬픔을 안고 있지만 결코 쓰러지지 않는 각을, 즉 생명력이 강한 힘을 발견하는 것이다.

식탁 앞에서 고개 숙이고 졸고 있는
반백의 남편 바라볼 때
녀석이 덜컥 올라온다
목울대를 타고 기어오르는 이 녀석은
분명 나의 약한 감정 먹이 삼아 힘을 키웠지 싶다

첫 아르바이트를 하고 꽃분홍 속옷 사 온
큰아이의 김 서린 안경을 보면
한겨울 추위 속에서도 녀석이 언제 올라왔는지
코끝까지 뜨겁게 점거했다

어느 날은 감동과 연민이 주된 먹잇감이고
가끔은 아름다운 풍경과 애틋함을 디저트로 삼기도 한다

한 번씩은 동족인 울먹을 동반하여
기습적으로 찾아오는 날도 있다
그런 날은 애써 헛기침으로 녀석을 쫓아 보기도 하지만
그럴수록 오히려 더 자주 출몰하여
내 주변을 배회하는 날이 많다

한동안 안 보여서 궁금하기도 하고 걱정도 했는데
녀석이 덜컥 나타났다
덕분인지 때문인지, 요즈음 함께 살고 있는 사람보다
이 녀석 눈치를 더 자주 본다

—「덕분인지 때문인지, 울컥」 전문

위의 작품에서 화자는 "식탁 앞에서 고개 숙이고 졸고 있는/반백의 남편을 바라볼 때" "녀석이 덜컥 올라온다"고 토로한다. 남편이 불쌍하고 가엾다고 연민을 느끼는 것이다. 화자는 "목울대를 타고 기어오르는 이 녀석은/분명 나의 약한 감정 먹이 삼아 힘을 키웠"다고 말한다. 그만큼 화자는 가족애를 토대로 남편을 감싸 온 것이다.

화자는 또한 "첫 아르바이트를 하고 꽃분홍 속옷 사 온/큰아이의 김 서린 안경을 보면/한겨울 추위 속에서도 녀석이 언제 올라왔는지/코끝까지 뜨겁게 점거했다"라고 토로한다. 큰아이가 아르바이트해서 사 온 선물을 연민의 마음으로 받는 것이다. 그리하여 화자는 "어느 날은 감동과 연민이 주된 먹잇감이고/가끔은 아름다운 풍경과 애틋함을 디저트로 삼기도 한다"라고 말한다.

화자에게 연민은 "한 번씩은 동족인 울먹을 동반하여/기습적으로 찾아오는 날도 있"는데, "그런 날은 애써 헛기침으로 녀석을 쫓아 보기도" 한다. 하지만 연민은 "그럴수록 오히려 더 자주 출몰하여/내 주변을 배회하는 날이 많"다. "한동안 안 보여서 궁금하기도 하고 걱정도" 했지만, "녀석이 덜컥 나타"난다. 그만큼 화자는 연민을 자주 경험한다. "덕분인지 때문인지, 요즈음 함께 살고 있는 사람보다/이 녀석의 눈치를 더 자주" 보는 것이다.

화자의 연민은 가족애의 토대가 되는 것으로 본성에서 우러나오는 마음씨이다. 착한 마음으로 다른 사람을 측은하게 여기는 것이다. 이렇듯 화자의 가족애는 가족의 울타리를 넘는다.

4.

머리로는 돈 벌기가 어두워
몸으로 때우는 사내
진한 가래침 뱉으며
찾아간 삼겹살집
잘 나가는 술이라며 권하는
주인 여자의 앞치마에
좋은데이가 너풀거린다
뭐가 그리 좋은 날이 많은지
열일곱에 배운 술이 마흔일곱이 되어도
뱃속에서 머뭇거린다
단골이라고 특별히 내어준 천겹살을 구우며
목덜미가 허해진 돼지의 감은 눈을 생각한다
부위별로 도륙되어 떠도는 기름진 싸구려 삶

사내의 삶도
주택 대출금으로
교육비로 세금 고지서로
도륙되어 푸석한 속살 내밀며
사내의 집 우편함에 꽂혀 있다

—「퇴근길 2」 전문

위의 작품의 화자는 "머리로는 돈 벌기가 어두워/몸으로 때우는 사내"를 소개한다. 자본주의 사회에서 열악한 위치에 놓인 그를 가족애로 품고 연대하는 것이다.

사내는 퇴근길에 "진한 가래침 뱉으며" "삼겹살집"에 든다. 그는 "잘 나가는 술이라며 권하는/주인 여자의 앞치마에/좋은데이가 너풀거리"는 모습을 바라보다가 "뭐가 그리 좋은 날이 많은지" 궁금해한다. 단순히 궁금증을 갖는 것이 아니라 동의할 수 없다고 머뭇거리는 것이다.

사내는 "단골이라고 특별히 내어준 천겹살을 구우며/목덜미가 허해진 돼지의 감은 눈을 생각"하고, "부위별로 도륙되어 떠도는 기름진 싸구려 삶"을 떠올린다. 죽임을 당한 돼지가 부위별로 값싸게 팔리는 현실을 자기의 삶과 견주어보는 것이다. 자기의 삶도 노동의 대가로 받은 임금을 주체적으로 사용하지 못한 채 "주택 대출금으로/교육비로 세금 고지서" 등으로 도륙된다고 여기는 것이다.

가족애의 개념은 친족 관계에 있는 구성원에 해당하는 것이지만, 허문화 시인의 인식은 그 범주를 넘는다. 모성의 정서적 친밀감과 소속감으로 사회 구성원과 연대한다. 개인적인 차원에 국한하지 않고 사회 공동체의 가치를 추구하는 것이다.

시인이 "알바천국에 알바만 있고 천국은 없다는 것을/취준

생이 되면서 알게 된"(「통계에 잡히다」) 것이나, 직장을 잃자 "아내와 딸들의 얼굴이 명치끝 통증"(「잃다」)을 느끼는 것이 그 모습이다. 우리 사회의 취업 문제와 실직자의 아픔을 가족애로 알려주는 것이다.

시인은 "봄날 당근밭에서 아이들 등록금을 캐냈고/이모작 콩밭에서 두 아들 결혼자금을 타작했던/생산의 텃밭"(「산업단지 OUT」)이 산업단지의 회색 시멘트로 덮이자 주민들과 함께 맞선다. 구제역과 조류인플루엔자로 살처분된 동물들을 안타까워하며 "다른 생을 위해 묻힌/익명의 숨탄것들"(「순장」)을 품는다. 콘크리트가 능멸하는 바람에 강물이 흐르지 못하는 상황을 "내 어머니의 자궁은/하루하루 타들어"(「저 강의 불임」) 간다며 환경 문제도 가족애로 제기한다.

孟文在 | 문학평론가 · 안양대 교수

푸른사상 시선

1 광장으로 가는 길 | 이은봉 · 맹문재 엮음
2 오두막 황제 | 조재훈
3 첫눈 아침 | 이은봉
4 어쩌다가 도둑이 되었나요 | 이봉형
5 귀뚜라미 생포 작전 | 정원도
6 파랑도에 빠지다 | 심인숙
7 지붕의 등뼈 | 박승민
8 살찐 슬픔으로 돌아다니다 | 송유미
9 나를 두고 왔다 | 신승우
10 거룩한 그물 | 조항록
11 어둠의 얼굴 | 김석환
12 영화처럼 | 최희철
13 나는 너를 닮고 | 이선형
14 철새의 일인칭 | 서상규
15 죽은 물푸레나무에 대한 기억 | 권진희
16 봄에 덧나다 | 조혜영
17 무인 등대에서 휘파람 | 심창만
18 물결무늬 손뼈 화석 | 이종섶
19 맨드라미 꽃눈 | 김화정
20 그때 나는 학교에 있었다 | 박영희
21 달함지 | 이종수
22 수선집 근처 | 전다형
23 족보 | 이한걸
24 부평 4공단 여공 | 정세훈
25 음표들의 집 | 최기순
26 나는 지금 운전 중 | 윤석산
27 카페, 가난한 비 | 박석준
28 아내의 수사법 | 권혁소
29 그리움에는 바퀴가 달려 있다 | 김광렬
30 올랜도 간다 | 한혜영
31 오래된 숯가마 | 홍성운
32 엄마, 엄마들 | 성향숙
33 기룬 어린 양들 | 맹문재
34 반국 노래자랑 | 정춘근
35 여우비 간다 | 정진경
36 목련 미용실 | 이순주
37 세상을 박음질하다 | 정연홍
38 나는 지금 외출 중 | 문영규
39 안녕, 딜레마 | 정운희
40 미안하다 | 육봉수
41 엄마의 연애 | 유희주
42 외포리의 갈매기 | 강 민
43 기차 아래 사랑법 | 박관서
44 괜찮아 | 최은묵
45 우리집에 왜 왔니? | 박미라
46 달팽이 뿔 | 김준태
47 세온도를 그리다 | 정선호
48 너덜겅 편지 | 김 완
49 찬란한 봄날 | 김유섭
50 웃기는 짬뽕 | 신미균
51 일인분이 일인분에게 | 김은정
52 진뫼로 간다 | 김도수
53 터무니 있다 | 오승철
54 바람의 구문론 | 이종섶
55 나는 나의 어머니가 되어 | 고현혜
56 천만년이 내린다 | 유승도
57 우포늪 | 손남숙
58 봄들에서 | 정일남
59 사람이나 꽃이나 | 채상근
60 서리꽃은 왜 유리창에 피는가 | 임 윤
61 마당 깊은 꽃집 | 이주희
62 모래 마을에서 | 김광렬
63 나는 소금쟁이다 | 조계숙
64 역사를 외다 | 윤기묵
65 돌의 연가 | 김석환
66 숲 거울 | 차옥혜
67 마네킹도 옷을 갈아입는다 | 정대호
68 별자리 | 박경조
69 눈물도 때로는 희망 | 조선남
70 슬픈 레미콘 | 조 원
71 여기 아닌 곳 | 조항록
72 고래는 왜 강에서 죽었을까 | 제리안
73 한생을 톡 토독 | 공혜경
74 고갯길의 신화 | 김종상
75 고개 숙인 모든 것 | 박노식
76 너를 놓치다 | 정일관

허문화 시집

눈으로 들을 수 있는 말이 있다